Anita Querida

José E. Herrera Balarezo
Ana María Hardel

ISBN-10: 1630650404
ISBN-13: 978-1-63065-040-7

PUKIYARI EDITORES
www.pukiyari.com

Este libro está dedicado a toda mi familia, en especial a mi hermosa y adorada madre Loli, a mi querido hermano Diego y a mis preciosas sobrinas Gaby y Majito. Un millón de gracias a mi querido y encantador primo, el talentoso fotógrafo Narcis Herrera, quien capturó unas fotografías fabulosas y que ahora son parte de este libro. ¡Los quiero mucho!

Infinitas gracias a mi adorado esposo Fabrice, su admirable paciencia, perseverancia, dulzura y fe me mantuvo a flote en este proyecto. Mi vida no sería lo que es sin ti, mi amor, Fabrice. Esto claramente lo sabía mi padre y lo saben el resto de mis seres queridos; eres una bendición.

Anita María, querida mí...
Hijita mía te agradezco
por haber creído en mí. Ten
seguro siempre que todo
esfuerzo que hice en mi
vida, fue para brindarles
mucha felicidad.

Pienso que tuvimos una casita
donde vivir cómodamente. Luché
por darles y ser tu precursora
mía, para darles una educación
que en el transcurso de la vida
les sea útil. Bendito Dios que
cumplí con ellos.

Conserva estos escritos como mi
herencia espiritual. Jesús te
proteja siempre. Jorge
18-12/05

Prólogo

Es un enorme placer poder compartir este pequeño libro con todos ustedes, mi familia, mis amigos y todos aquellos quienes demuestren interés en leer estos pensamientos que mi padre coleccionó para mí hace varios años.

En uno de mis viajes al Ecuador, llevé un "jornal" como regalo a mi papi sin saber que éste regresaría a mí como uno de los obsequios más preciados de mi vida.

Este pasado 24 de julio de 2015, fue el tercer aniversario de la muerte de mi papi; al hablar con mi mami esa mañana, le conté mis intenciones de publicar este libro, le encantó la idea y me contó que papi se sentaba a escribir este libro en las tardes escuchando sus discos favoritos de Carlos Gardel, Julio Jaramillo, Los Panchos, Mozart, Vivaldi, y tantos más. Papi copió muchos de estos pensamientos de varios autores, los mismos que él admiraba. Me encantaría mencionarlos pero se me hace difícil hacerlo, no porque no quiera sino porque es simplemente inalcanzable para mí. Mi propósito no es tomar crédito por escritos originales de otras personas, solamente quiero compartir este regalo con ustedes.

Este lindo manuscrito que me dejó mi papi me ha hecho reír, me ha hecho llorar y me ayuda a recordar que la vida es tan frágil, tan imperfecta, a veces hasta cruel, y al mismo tiempo tan hermosa. Papi fue un hombre de buen corazón, fue el patriarca de nuestra familia por mucho tiempo. Sé que fue y sigue siendo muy querido y añorado por todos nosotros. Papi siempre sonreía, tenía un sentido del humor fenomenal, un corazón inmensamente bondadoso y un espíritu incomparablemente renovador.

En fin, espero disfruten de este pequeño tesoro.

Con muchísimo cariño,

Ana María

En el Principio

Anita María,
queridísima hijita mía:

Te agradezco por haber creído en mí. Tú supiste siempre que todo esfuerzo que hice en mi vida fue para brindarles mucha felicidad.

Pienso que tuvimos una casita donde vivir cómodamente. Luché por Diego y por ti, preciosita mía, para darles una educación que en el transcurso de la vida les sea útil. Bendito Dios que cumplí con ustedes.

Conserva estos escritos como mi herencia espiritual. Jesús te proteja siempre.

Pepe
18 de septiembre, 2005

Pensamientos

Pensamientos

Más vale un bocado de pan seco en paz que en la discordia de una casa llena de banquetes.

⊰⊰⊰

Una mirada bondadosa alegra el corazón, una buena noticia reanima las fuerzas.

⊰⊰⊰

Con la sabiduría que sale de su boca, el hombre conseguirá todo lo bueno; cada uno recibe la recompensa de sus obras.

⊰⊰⊰

Oprimir a los débiles es ofender al Creador; el que tiene compasión de los desdichados, lo honra.

⊰⊰⊰

Una respuesta amable calma el enojo, una palabra hiriente hace aumentar la cólera.

⊰⊰⊰

Besa la mano de tu enemigo,
si no la puedes cortar.

<hr />

Donde comienzan los negocios,
termina la amistad.

<hr />

Dos modos de caminar tiene el dinero,
viene despacio y se va ligero.

<hr />

Si no hubiera necios, no hubiera abogados.

<hr />

A más años, más desengaños.

<hr />

La ignorancia engendra dureza.

<hr />

Paso arrastrando una carga superior a mis
fuerzas, la vida.

❧❧❧

Tuve aflicción por no tener zapatos
hasta que vi a quien no tenía pies.

❧❧❧

Si dices las verdades, pierdes amistades.

❧❧❧

Si en tu casa quieres paz, deja de mandar y haz.

❧❧❧

Al hombre le falta paciencia y a la mujer le
sobra la insistencia.

❧❧❧

El amor huye ante la proximidad
de la venganza.

❧❧❧

Señor no me des mucho porque me he de olvidar de Ti, no me des poco, porque he de renegar de Ti. Dame sólo el pan de cada día.

❧❧❧

La mayor de todas las desdichas humanas es la pobreza en la vejez.

❧❧❧

*No llenes tu vida de años,
llena tus años de vida.*

❧❧❧

*Hay que saber dar sin recordar
y recibir sin olvidar.*

❧❧❧

*Entre la cuna y la sepultura
no hay cosa segura.*

❧❧❧

Hoy es el mañana que nos preocupó ayer.

❧❧❧

El mejor maestro es el tiempo,
la mejor ciencia es la experiencia.

⊱⊱⊱

Al rico no debas y al pobre no ofrezcas.

⊱⊱⊱

A cualquier dolencia, la paciencia.

⊱⊱⊱

No trates de ascender demasiado en tu vida,
pues la caída de lo alto es más dura.

⊱⊱⊱

No incurramos en una orgía de lamentaciones.

⊱⊱⊱

Los humanos no están hechos para comprender
la vida, sino para vivirla.

⊱⊱⊱

El secreto de ser desdichado estriba en tener
ocios, para pensar si se es feliz o no.

∽∽∽

El sueño es un misterioso mensajero
de las tinieblas.

∽∽∽

Vale más estar en la tumba
que vivir en la miseria.

∽∽∽

No desaparece lo que muere,
sólo lo que se olvida.

∽∽∽

Que el dinero sea tu sirviente y no tu amo.

∽∽∽

No trates de ser lo que no eres;
trata de ser lo que eres lo mejor posible.

∽∽∽

El matrimonio es la escuela superior
de la paciencia.

ళ్తళ్తళ్త

Quien compra lo que no puede,
vende lo que le duele.

ళ్తళ్తళ్త

Pobre con rica casado, más que marido,
es criado.

ళ్తళ్తళ్త

Siempre el error de muchos podrá más que
la verdad de uno.

ళ్తళ్తళ్త

Es empresa imposible resistir al Todopoderoso.

ళ్తళ్తళ్త

Sólo lo que es fecundo es verdadero.

ళ్తళ్తళ్త

He sido un necio
y mis yerros son innumerables.

❧❧❧

Quien todo lo quiere, todo lo pierde.

❧❧❧

Si tomas un mal camino
no esperes un buen destino.

❧❧❧

Al viejo el vino, otra vez le hace niño.

❧❧❧

Al mal que no tiene cura, hacerle la cara dura.

❧❧❧

Al hombre rico le llueven amigos.

❧❧❧

Dichoso Adán que no tuvo suegra.

❧❧❧

Si el amor de una mujer es una comedia, el matrimonio será un drama.

❧❧❧

La paciencia es el talismán de la vida.

❧❧❧

El bien es reconocido cuando es perdido.

❧❧❧

Quien no te ama, burlando te difama.

❧❧❧

Discreción es saber disimular lo que no se puede remediar.

❧❧❧

Quien no olvida, atormenta su vida.

❧❧❧

Quien habla mal, oye peor.

❧❧❧

Una vez te casarás y mil te arrepentirás.

❧❧❧

La gratitud es la memoria del corazón.

❧❧❧

La vida en su tránsito supone un descenso.

❧❧❧

La humildad es el hilo con el que se encadena la gloria.

❧❧❧

Más vale pan con amor que gallina con dolor.

❧❧❧

Amigo en la adversidad, es amigo de verdad.

❧❧❧

No hay enemigo fácil, pero sí amigo difícil.

❧❧❧

No olvides que la fortuna cambia como la luna.

❧❧❧

El tiempo todo lo cura.

❧❧❧

Aprendiz de todo, oficial de nada.

❧❧❧

Que Dios me libre de mis amigos,
que de los enemigos me libro yo.

❧❧❧

Entre músicos no se cobra serenata.

❧❧❧

La cortesía no cuesta nada y gana todo.

❧❧❧

La sonrisa es la distancia más corta
entre dos personas.

❧❧❧

El que domina la ira,
domina a su peor enemigo.

❦❦❦

El que sospecha invita a traicionar.

❦❦❦

Nunca digas del ausente aquello que no dijeras
si lo tuvieres presente.

❦❦❦

Para llegar a la isla de la sabiduría hay que
pasar por un océano de aflicciones.

❦❦❦

La caridad es una virtud del corazón
y no de las manos.

❦❦❦

No hay que derrumbarse acumulando ayeres y
los temidos mañanas.

❦❦❦

Confío en que algún día la humanidad recupere
el sentido de la justicia
y de los valores del espíritu.

᪣᪣᪣

La manera de dar es más importante
que lo que se da.

᪣᪣᪣

Exceso en nada, es la norma
de mayor utilidad en la vida.

᪣᪣᪣

Lo poco que sé, se lo debo a mi ignorancia.

❧❧❧

*Ninguna cosa impuesta por la
violencia será duradera.*

❧❧❧

*Aunque la angustia y el dolor
laceren nuestras almas
Aunque la vida nos desconcierte a cada paso
Aunque el destino del mundo sea tan incierto
Busquemos en el fondo del alma una luz de
esperanza, un rincón de amor.*

❧❧❧

*Una lágrima se evapora, una flor se marchita,
sólo la oración llega a Dios.*

❧❧❧

*Disfruta del día, este es el día hecho por el
Señor. Regocijémonos y alegrémonos en Él.*

❧❧❧

Cada día es una nueva vida
para la persona juiciosa.

❦❦❦

Cuando aceptamos lo peor,
ya no tenemos nada que perder.

❦❦❦

Un problema bien planteado
es un problema medio solucionado.

❦❦❦

La sinceridad es el origen del genio.

❦❦❦

La verdadera paz del espíritu viene de la
aceptación de lo peor.

❦❦❦

Hay que perderse en la acción
si no se quiere marchitar en la desesperación.

❦❦❦

La belleza es el esplendor de la verdad.

කෙකෙකෙ

La naturaleza aborrece el vacío.
Todo vacío se llena con amor.

කෙකෙකෙ

Esperar es vivir.

කෙකෙකෙ

Nos detenemos demasiado en insignificancias.

කෙකෙකෙ

Seis honrados servidores me enseñaron cuanto sé, sus nombres son: Cómo, Cuándo, Dónde, Qué, Quién y Por qué.

කෙකෙකෙ

El tiempo es el eterno regulador
de todos los dolores.

❧❧❧

Para toda la humanidad, lo mismo que para el
individuo, de vez en cuando la vida
es difícil de soportar.

❧❧❧

La muerte es la liberación del alma.

❧❧❧

La vida es demasiado breve para ser pequeña.

❧❧❧

Sin fe todo se derrumba.

❧❧❧

Es más fácil enseñar a diez lo que se debe
hacer que ser uno de los diez que sigan
sus propias enseñanzas.

❧❧❧

El amor no existe. Hay la necesidad material de unirse a otro ser y la necesidad razonable de tener una compañía para la vida.

∽✧∽✧∽✧

¿Quién puede liberar a una persona de sus propios remordimientos?

∽✧∽✧∽✧

La humildad acerca al Todopoderoso.

∽✧∽✧∽✧

*La envidia es ignorancia.
La imitación es suicidio.*

∽✧∽✧∽✧

Siempre hay que convertir un menos en un más.

∽✧∽✧∽✧

*Cuando eres bueno para los demás,
eres mejor para ti mismo.*

∽✧∽✧∽✧

*Haz cada día una buena acción que provoque
una sonrisa de alegría en el rostro de alguien.*

৩৩৩

*Nuestras vidas son la obra
de nuestros pensamientos.*

৩৩৩

*Una persona enfadada
está siempre llena de veneno.*

৩৩৩

*Nuestro punto flaco no es la ignorancia
sino la inacción.*

৩৩৩

*No hay llanto en que lo que está escrito
se disuelva.*

৩৩৩

*El conocimiento no es poder
hasta que es aplicado.*

৩৩৩

Las cosas difíciles son las mejores.

❧❧❧

Lo que importa no es lo que el destino nos hace, sino lo que hacemos al destino.

❧❧❧

De las carreras no queda sino el cansancio.

❧❧❧

El que nada tiene, nada pierde.

❧❧❧

Dos agujas no se pinchan.

❧❧❧

Muchas ausencias causan olvido.

❧❧❧

*Hoy es el discípulo del ayer
y el maestro de mañana.*

❧❧❧

Bien casada es la que
no tiene suegra ni cuñada.

৵৵৵

Quien te quiere no te hiere.

৵৵৵

La nuera barre para que la suegra no ladre.

৵৵৵

Ignora la maldad del soberbio y del engreído;
porque el Padre les mostrará el camino
a su debido tiempo.

৵৵৵

Lo que por agua viene, por agua se va.

৵৵৵

Los valientes sufren poco,
los cobardes aún más.

৵৵৵

*Con frecuencia uno encuentra su destino
siguiendo las veredas
que tomamos para evitarlo.*

❧❧❧

*Invoca a la Omnipotencia y acudirá en tu
ayuda. No es menester que te preocupes de
nada más. Cierra los ojos y mientras duermes,
Dios trocará tu suerte de mal en bien.*

❧❧❧

Sólo conoce el amor quien ama sin esperanza.

❧❧❧

Prefiere dormir poco y soñar más.

❧❧❧

Soluciona tus problemas de uno en uno.

❧❧❧

*Ama a tus enemigos. El que ama a los que le
aman ya ha recibido su recompensa.*

❧❧❧

*Haber sido creado por el Padre supone la
máxima manifestación de amor.*

જી જી જી

*Fueron mis lágrimas, mi pan, de noche y de día
que dediqué para tu bienestar.*

જી જી જી

*Regaría con mis lágrimas las rosas para sentir
el dolor de tus espinas y ser privilegiado
con el aroma de sus pétalos.*

જી જી જી

*No hay que decir todo lo que piensas,
piensa lo que dices.*

જી જી જી

La prisa es obra del demonio.

જી જી જી

*Pocas veces el dinero sirve
para retrasar la muerte.*

જી જી જી

Bendecidos son aquellos
que creen en sus sueños.

꧁꧂꧁꧂

De tres cosas no pueden prescindir los
humanos: la salud, el pan y la esperanza.

꧁꧂꧁꧂

Lo perfecto es enemigo de lo bueno.

꧁꧂꧁꧂

Hasta la vida más desgraciada tiene también
sus horas luminosas y sus pequeñas flores de
ventura entre la arena y el peñascal.

꧁꧂꧁꧂

La negación de los hechos es el cobarde
recurso de los cínicos.

꧁꧂꧁꧂

Aprendamos a doblarnos como un sauce
y no resistir como un roble.

꧁꧂꧁꧂

No vivo ni en mi pasado ni en mi futuro. Tengo sólo el presente y sólo él me interesa. Si puedes permanecer siempre en el presente, entonces serás una persona satisfecha y feliz. La vida será un fiesta, porque ella es siempre el momento que estamos viviendo.

❧❧❧

Si te comparas con los demás, te volverás vano y amargado pues siempre habrá personas más grandes y más pequeñas que tú.

❧❧❧

Conserva la paz en tu alma, en la bulliciosa confusión de la vida, aún con toda su farsa, penalidades y sueños fallidos, el mundo es todavía hermoso.

❧❧❧

Acata dócilmente el consejo de los años, abandonando con donaire las cosas de la juventud.

❧❧❧

No lloremos por haberlo perdido.
Demos gracias a Dios por haberlo tenido.

∽✦∽✦∽

Para los males del mundo puede o no haber
remedio; si los hay, ponte a buscarlos
y si no, no seas necio.

∽✦∽✦∽

Cuando no puedo arreglar las cosas,
dejo que se arreglen solas.

∽✦∽✦∽

La resignación del pobre es la garantía
del equilibrio social.

∽✦∽✦∽

Donde esté tu interés estará tu energía.

∽✦∽✦∽

Las ideas son fantasías
que puedes convertir en realidad.

∽✦∽✦∽

Morir es liberarse de la mezquindad cotidiana.

❧❧❧

Si lloras porque se ocultó el sol,
tus lágrimas no te permitirán ver las estrellas.

❧❧❧

El orden es la primera Ley del Cielo.

❧❧❧

Al tener en la vida un desengaño,
ansiamos la calma inmediata.
No se siente el dolor sino el engaño
y no duele la herida sino el alma.
Sólo en la tumba el corazón olvida
los duros golpes de la adversa suerte.
Luchas y sufrimientos es la vida.
Olvido y descanso es la muerte.

❧❧❧

Llevar hoy la carga de mañana, unida a la de
ayer hace vacilar al más vigoroso.

❧❧❧

*No permitas que nadie te maneje
como arcilla en sus manos.*

❧❧❧

Si dudas, calla.

❧❧❧

*La medida más segura de toda fuerza
es la resistencia que vence.*

❧❧❧

*Los hombres son hábiles manipuladores
de la verdad.*

❧❧❧

*El amor es decir El Padre lo es todo. El amor
es la vela de navío. El amor es dar desde una
mirada hasta la vida.*

❧❧❧

*¿Qué cosa hay más pesada que el plomo...?
El necio.*

❧❧❧

Nunca repitas lo que te han dicho
y nunca saldrás perdiendo.

∽∽∽

No hagas el mal y el mal no caerá sobre ti.

∽∽∽

Las palabras suaves hacen ganar amigos y
multiplican las respuestas afectuosas.

∽∽∽

No tengas la mano abierta para recibir
y cerrada para dar.

∽∽∽

No te quedes callada
cuando tus palabras hacen falta.

∽∽∽

El odio enciende peleas,
el amor encubre todas las faltas.

∽∽∽

El que desprecia a su prójimo es un insensato;
el sabio prefiere callar.

❧❧❧

El buen nombre vale más que grandes riquezas,
ser estimado vale más que el oro y la plata.

❧❧❧

Hay amigos que solo son para ruina,
hay amigos que son mejores
que tu propio hermano.

❧❧❧

No te sientas seguro del día de mañana
porque no sabes en qué parará el de hoy.

❧❧❧

El Señor trata con bondad a los humildes.

❧❧❧

No te enojes fácilmente,
el enojo habita en el corazón del insensato.

❧❧❧

No es bueno comer miel en exceso y mucho menos buscar honores excesivos.

No busques pelea con nadie, si nadie te ha hecho daño. Si alguien te hizo daño y te necesita, deja a un lado el dolor y provee tu ayuda.

Si tu enemigo tiene hambre, dale de comer; si tiene sed, dale de beber; así amontonarás carbones sobre su cabeza.

La honra es el premio de los sabios.

Aceite y perfumes alegran al corazón, lo mismo la dulzura de la amistad consuela el alma.

El Señor corrige a quien Él ama, como un
padre corrige a todos sus hijos.

❦❦❦

Nunca niegues un favor a quien te lo pida,
cuando en tu mano esté el hacerlo.

❦❦❦

Pide y recibirás.
Busca y encontrarás.
Perdona y serás perdonado.
Sé manso y humilde de corazón.

❦❦❦

Si no te equivocas de vez en cuando,
es que no lo intentas.

❦❦❦

Se puede tomar de compañera a la fantasía,
pero se debe tener como guía a la razón.

❦❦❦

Proclama tu individualidad.
Usa sabiamente tu poder de elección.
Haz todo con amor. Hija mía, ¡tú eres el
milagro más grande del mundo!

⤜⤜⤜

Así como para cosechar es necesario sembrar;
del mismo modo, para recibir es necesario dar.
Recuerda que siempre recibirás lo que diste.

⤜⤜⤜

Si no tienes la libertad interior, ¿qué otra
libertad esperas poder tener?

⤜⤜⤜

Elige amar en lugar de odiar.
Elige reír en lugar de llorar.
Elige crear en lugar de destruir.
Elige perseverar en lugar de renunciar.
Elige alabar en lugar de criticar.
Elige curar en lugar de herir.
Elige vivir en lugar de morir…

ৡৡৡ

¡No temas!

No temamos.
Somos marinos en el mar de la eternidad,
pasajeros de la vida,
y estamos bien acompañados en este viaje.
¡Naveguemos con fe!

ৡৡৡ

Seamos realistas, ¡pidamos lo imposible!

ৡৡৡ

Sé amigo de ti mismo y lo serán los demás.

ৡৡৡ

El optimista tiene siempre un proyecto,
el pesimista mil excusas.

❦❦❦

Ningún hombre es inútil
mientras cuente consigo mismo.

❦❦❦

Siendo de dos una tristeza, ya no es tristeza,
es alegría.

❦❦❦

Un día que no has reído, es un día perdido.

❦❦❦

Siempre que te pregunten si puedes hacer un
trabajo, ¡contesta que sí! Y ponte enseguida a
aprender cómo hacerlo.

❦❦❦

Te llevo en mi piel como un dulce perfume
impregnado en mi alma.

❦❦❦

Si vivir solo es soñar,
hagamos el bien soñado.

❧❧❧

Nos complicamos la vida por exceso de
ambiciones personales.

❧❧❧

Si una espina me hiere, me aparto de la espina
pero no la aborrezco.

❧❧❧

No intervenir donde no nos llaman.

❧❧❧

Solamente cuando madura cae el fruto
de la fortuna.

❧❧❧

El verdadero amor no se conoce por lo que
exige, sino por lo que ofrece.

❧❧❧

*No digas todo lo que sabes, pero procura
siempre saber lo que dices.*

∽∽∽

*Solitario me encuentro cuando busco una mano
y sólo encuentro puños.*

∽∽∽

*Solamente quien utiliza su cerebro puede
cambiar de idea.*

∽∽∽

*Sólo aquello que se ha ido
es lo que nos pertenece.*

∽∽∽

*Si una idea no endulza y aligera la vida,
la vida es inútil y peligrosa.*

∽∽∽

*Si ayudo a una sola persona a tener esperanza,
no habré vivido en vano.*

∽∽∽

Si no chocamos contra la razón
nunca llegaremos a nada.

❦❦❦

Si los hombres han nacido con dos ojos, dos
orejas y un sola lengua es porque se debe
escuchar y mirar dos veces antes de hablar.

❦❦❦

La paciencia tiene más poder que la fuerza.

❦❦❦

Si no puedes gobernarte a ti mismo,
¿cómo sabrás gobernar a los demás?

❦❦❦

Siempre se ha de conservar el temor,
mas jamás se debe exponerlo.

❦❦❦

Es duro caer, pero es peor todavía
no haber intentado subir.

❦❦❦

La propia conciencia es quien nos juzga.

৯৯৯

Si los que hablan mal de mí supieran
exactamente lo que pienso de ellos,
hablarían peor.

৯৯৯

La justicia es el pan del pueblo,
siempre está hambriento de ella.

৯৯৯

Los sucesos prósperos hacen amigos;
los adversos, los prueban.

৯৯৯

Mantén tu buen ánimo, te ayudará a subir
las cuestas más duras.

৯৯৯

No hay absurdo que no haya sido apoyado
por algún filosofo.

৯৯৯

*Al abogado es necesario contarle claramente
las cosas, ya se cuidará él después
de embrollarlas.*

❦❦❦

Tener demasiados amigos es no tenerlos.

❦❦❦

*Para dejar una huella no importa su tamaño
sino el signo que indique que pasaste por allí.*

❦❦❦

*El avaro no obra cuerdamente hasta que su
hora final haya llegado.*

❦❦❦

*La amistad es un alma que habita en dos
cuerpos, un corazón que habita en dos almas.*

❦❦❦

*Si no vives como piensas
acabarás pensando como vives.*

❦❦❦

En las adversidades sale a la luz la virtud.

❧❧❧

*Si tomas de un sorbo la mentira que te adula,
beberás gota a gota la verdad que te amargará.*

❧❧❧

Quien da primero da dos veces.

❧❧❧

*Sólo aprende a compartir el amor que sientas,
no des ningún espacio al odio.*

❧❧❧

*Si tienes tiempo para dedicarlo a alguien, no te
quedes parado mirando al reloj.*

❧❧❧

*La paciencia es la fortaleza del débil
y la impaciencia es la debilidad del fuerte.*

❧❧❧

Si quieres conocer el valor de tu dinero,
trata de perderlo haciendo préstamos.
Por lo tanto, si alguien te pide un préstamo, y si
tu bolsillo lo permite, haz que éste sea un
regalo de una sola vez; recuerda, no lo repitas.

༄ ༄ ༄

Ten misericordia si quieres obtener perdón.

༄ ༄ ༄

Saber vivir sin prisa es un don.

༄ ༄ ༄

Saber y saberlo demostrar es valer dos veces.

༄ ༄ ༄

Saber olvidar es más dicha que arte.

༄ ༄ ༄

Solo la persona íntegra es capaz de confesar
sus faltas y de reconocer sus errores.

༄ ༄ ༄

El arte de vencer se aprende en las derrotas.

❧❧❧

Yerra el que no principia a aprender
por parecerle que ya es tarde.

❧❧❧

Si no decides cuáles son tus prioridades y
cuánto tiempo les dedicarás,
alguien más lo decidirá por ti.

❧❧❧

Si eres orgulloso conviene que ames la soledad
ya que los orgullosos se quedan solos.

❧❧❧

No te limites tanto que creas que siempre
tienes la razón.

❧❧❧

Podemos aprender del hombre eminente,
incluso cuando calla.

❧❧❧

Ten paciencia con todas las cosas; pero sobre todo, ten paciencia contigo mismo.

⥱⥱⥱

Ten el valor de equivocarte, la humildad de aceptarlo y usa tu inteligencia para mejorar.

⥱⥱⥱

Ten tus ojos bien abiertos antes del matrimonio, y medio cerrados después de él.

⥱⥱⥱

Aquiétate

Aquiétate y sabe que Dios
te mostrará la senda a tomar,
el camino a elegir.
Cuando el amanecer es oscuro
y el día sombrío,
Dios está contigo,
¡no temas!
Aquiétate y sabe que Dios siempre está ahí
para ayudarte, aquí y en todas partes.
Dios te acompaña noche y día.
Dios no está más lejos que una oración.

❦❦❦

Afirmaciones de Salud

Afirmaciones de Salud

Expreso la creatividad y la vida de Dios en cada nivel de mi ser. Fui creado por Dios para ser una expresión de vida y salud. Mi curación es continua y milagrosa. Soy renovado en cada momento. Según el Plan Divino, nací para ser sano y perfecto.

Dios me sana ahora y acepto mi salud con agradecimiento.

Afirmo palabras sanadoras que despiertan mis células a la vida y renovación.

¡Dios me creó para la vida, y la vida de Dios en mí me sana ahora!

Mi mente y mi cuerpo trabajan en una armonía de vida.

Querido Dios, Tú que eres Creador de la vida, renueva mi vida.

Querido Dios, Tú que eres Creador y amparo de mi vida y de toda vida, renuévame completamente con la consciencia de tu Sagrada Presencia. El poder curador de Dios me sana vigorosamente ahora.

Querido Dios, Tu Espíritu irradia desde mí y la vida y energía renacen en cada célula de mi ser.

El poder sanador de Dios en mí me revitaliza, soy una creación única.

La presencia de Dios en mí me fortalece.

Gozo de salud en plenitud.

La vida sanadora de Dios restaura la paz de mi mente y la fortaleza de mi cuerpo.

Cada vez que respiro, el aliento de Dios me llena de vida nueva.

Abro mi corazón al amor de Dios y me siento lleno de salud y vitalidad.

Según descanso en la serena presencia de Dios, me siento saludable y renovado.

Dios me mantiene saludable continuamente porque soy su creación amada.

Me sumerjo en el amor sanador de Dios, el cual me renueva en mente y cuerpo.

El Poder transformador de Dios crea nueva vida, fortaleza y energía en mí.

La energía sanadora de Dios fluye en mí y me revitaliza.

La presencia sanadora de Dios está activa en mí. Tengo fortaleza y energía.

La vida sanadora de Dios renueva y restaura cada célula de mi cuerpo.

Nuestra Despedida

Hijita, sigue estos consejos a través de tu vida:

Admitir que no podemos controlar el problema que nos agobia y por el cual nuestras vidas se han convertido, por el momento, imposibles.

Tener la afirmación y la fe de que hay un Poder Superior a nosotros, el cual nos ayudará a restaurar nuestras vidas: Dios.

Tomar la decisión de entregar nuestras vidas y deseos a Nuestro Señor al mismo tiempo que comprendemos Sus mensajes.

Hacer un inventario limpio y correcto de nosotros mismos.

Admitir a Dios, a nosotros mismos, y a los seres humanos que nos rodean que errar es humano.

Acceder a que Dios nos ayude a remover nuestros errores.

Humildemente pedir a Dios que nos ayude a dejar a un lado nuestros pretextos y actuar de mejor manera para con nosotros mismos y para con los que nos rodean.

Hacer una lista de las personas a las que hemos herido, por uno u otro motivo, y hacer las paces tratando de mejorar las relaciones.

Poner en efecto nuestra nueva actitud para mejorar relaciones deterioradas por nuestro comportamiento y comprometernos a tal situación siempre y cuando no vayamos a herir a nadie.

Continuar haciendo inventario personal periódicamente y cuando hagamos algo incorrecto, no tener miedo de decir: ¡Lo siento, perdóname!

Por medio del rezo y meditación moderada, pedir a Dios que nos ayude a llevar a cabo nuestros diarios deberes y reforzar nuestra relación espiritual con Él.

Habiendo tenido un renacimiento espiritual y moral de una nueva forma de vida, ser de ayuda a quien nos necesite y comprometernos con nosotros mismos a practicar estos pasos con aquellos que nos rodean, sin olvidar que Dios estará ahí para nosotros incondicionalmente.

No nos olvidemos de que el pasado está desvanecido, el futuro es incierto y lo único que tenemos en nuestras manos es el presente. Y es el presente el que mantiene nuestro corazón palpitando. Vivamos minuto a minuto, hora a hora, día a día.

Mi Anita Querida:

Tu corazón es fuerte. Pon tu mano sobre tu pecho y siente su ritmo bombeando hora tras hora, día y noche, 36,000,000 de latidos al año; año tras año, despierta o dormida, impulsando la sangre a través de 100,000 kilómetros de venas y arterias que llevan más de 2,000,000 de litros de sangre al año.

En tus cuatro litros de sangre existen 22,000,000 de células sanguíneas; y dentro de cada célula existen millones de moléculas; y dentro de cada molécula hay un átomo que oscila más de diez millones de veces por segundo. Cada segundo mueren dos millones de células sanguíneas para ser reemplazadas por dos millones más en una resurrección constante. ¡Tu hermoso corazón es fuerte y sano, mi Anita Querida!

Tu cerebro es la estructura más compleja del universo. Dentro de sus mil gramos, hay trece mil millones de células nerviosas. Tres veces más células que personas habitan el planeta.

Para ayudarte a archivar cada percepción, cada sonido, cada sabor, cada olor, cada acción realizada por ti desde el día que naciste, está implantando en tus células más de mil trillones de moléculas proteicas. Todos los sucesos de tu vida se encuentran ahí, esperando a que los recuerdes; y para ayudar a tu cerebro en el gobierno de tu cuerpo, hay cuatro millones de estructuras sensibles al dolor, doscientos mil detectores de temperatura, tus oídos tienen veinte y cuatro mil filamentos cada uno, vibran con el viento de la arboleda, con las mareas que chocan contra las rocas, con la majestuosidad de una ópera, con el canto de un petirrojo, con el juego de los niños y con la frase "te amo".

Ninguna otra criatura de este planeta está dotada del don del habla. Con tus palabras puedes calmar el enojo, animar al abatido, estimular al cobarde, alegrar al triste, premiar al valeroso, alentar al vencido, enseñar al ignorante.

Te puedes mover, no eres un árbol condenado a una pequeña porción de tierra. Puedes pasear, correr, bailar y trabajar ya que dentro de tu cuerpo hay quinientos músculos, doscientos huesos y siete mil nervios que están sincronizados para obedecerte.

Tu piel está limpia y es una maravillosa creación que sólo necesita que la cuides. Con *el tiempo las armaduras se oxidan, no así tu piel. Tu piel se renueva constantemente, las células viejas son reemplazadas por las nuevas.*

Tus pulmones son las puertas de la vida que te sostienen hasta en el más vil de los ambientes. Trabajan siempre para filtrar el oxígeno que da la vida a través de seiscientos millones de alveolos que se encargan de librar a tu cuerpo de los desperdicios gaseosos.

Dentro de tu hermoso ser existe la suficiente fuerza atómica para seguir adelante hasta que tu hora marcada llegue.

Beloved Anita

José E. Herrera Balarezo
Ana María Hardel

ISBN-10: 1630650404
ISBN-13: 978-1-63065-040-7

PUKIYARI PUBLISHERS
www.pukiyari.com

This book is dedicated to all my family, especially my beautiful and beloved mother Loli, my dear brother Diego, and my beautiful nieces Gaby and Majito. A million thanks to my lovely cousin, the talented photographer Narcis Herrera, who captured some fabulous pictures and these are now part of this book. I love You!

Infinite thanks to my beloved husband Fabrice, your remarkable patience, perseverance, gentleness and faith kept me afloat during this project. My life would not be what it is without you, my love, Fabrice. This was clearly understood by my father, as is by the rest of my loved ones; you are a blessing.

Anita María, querida mía
Hijita mía. Te agradezco
por haber creído en mí. Tú
supiste siempre que todo
esfuerzo que hice en mi
vida, fue para brindarles
mucha felicidad.

Pienso que tuvimos una casita
donde vivir cariñosamente. Luché
por Diego y por ti preocupación
mía, para darles una educación
que en el transcurso de la vida
los sea útil. Bendito Dios que
cumplí con ella.

Conserva estos escritos como mi
herencia espiritual. Jesús te

Introduction

It's my greatest pleasure to share this little book with all of you, my family and friends, and all who have an interest in reading this collection of thoughts my father gathered for me many years ago.

In one of my trips to Ecuador, I took an empty journal as a gift to my father; little did I knew it would come back to me as one of the most treasured gifts I've received in my entire life.

This past July 24th, 2015, marked the third anniversary of my father's passing. When I spoke to my mother that morning, I told her I wanted to publish Dad's journal as a book. She was very happy with the idea and she shared that my dad used to write this journal in the afternoons while listening to some of his favorite records: Carlos Gardel, Julio Jaramillo, Los Panchos, Mozart, Vivaldi, and so many more.

My father took many of these thoughts from writers and thinkers he admired himself. I'd love to give credit to each of them, but it's impossible for me to do so since I'm not sure who wrote what. My purpose in publishing this book is not to take credit for someone else's original writings but to share this gift with all of you.

The handwritten thoughts my father left for me made me laugh and made me cry, these also reminded me that life is frail, and not perfect, sometimes even cruel, but at the same time so beautiful. My father was our family's patriarch for a very long time. He left us but keeps on going through the love we have for him and the lessons he left for us. Dad was always smiling, he had a great sense of humor, he had a generous heart and a spirit that would renew anyone who would came in touch with him.

For all of those reasons, I hope you enjoy this small treasure.

All my love,
Ana María

In the Beginning

Beloved Anita,
my darling daughter:

I thank you for believing in me. You always knew that every single step I took forward in my life was to bring all of you as much happiness as I could.

I believed we had a house where we lived comfortably. I fought so that you, my precious loving charm, and your brother Diego had an education that would help you throughout your lives. All glory to God, who allowed me to keep my promises to my family.

Please keep these writings as my spiritual inheritance. May Jesus Christ always protect you.

Pepe
September 18th, 2005

Thoughts

Thoughts

Better a mouthful of dry bread in peace
than a house filled with feasts and unrest.

ഷഷഷ

A kind look gladdens the heart,
good news also bring refreshed strength.

ഷഷഷ

With the wisdom that comes from his mouth,
men can get all that is good;
each receives the reward of his works.

ഷഷഷ

To oppress the weak is to offend the Creator;
He who has compassion for the unfortunate,
honors Him.

ഷഷഷ

A gentle answer turns away wrath,
but a harsh word increases anger.

ഷഷഷ

If you want peace at home,
stop giving orders and do something.

∽∽∽

Where business starts, friendship ends.

∽∽∽

Money has two walking speeds;
it comes slow and leaves fast.

∽∽∽

There wouldn't be attorneys
if fools did not exist.

∽∽∽

The more years;
the more disappointments.

∽∽∽

I'm always dragging a burden beyond my
strength, my life.

∽∽∽

Ignorance creates a shell.

∽∽∽

I was sad because I didn't have shoes until I saw someone who didn't have feet.

∽∽∽

If you tell the truth, you'll lose friendships.

∽∽∽

If you cannot cut your enemy's hand, kiss it.

∽∽∽

Men lack patience and women have plenty of insistence.

∽∽∽

Love runs when it sees revenge coming.

∽∽∽

Confront ailment with patience.

∽∽∽

Dear Lord: don't give me too much because I'll forget you, don't give me too little because I'll get angry at you. Just give me my daily bread.

෧෧෧

The worst of all human miseries is poverty at old age.

෧෧෧

Do not fill your life with years; fill your years with life.

෧෧෧

We must learn to give without keeping tabs and to receive without ever forgetting.

෧෧෧

Between the cradle and the grave nothing is for sure.

෧෧෧

Let's not fall in an orgy of regrets.

෧෧෧

Today is the tomorrow
we worried about yesterday.

❧❧❧

Time is the best teacher,
experience provides the best knowledge.

❧❧❧

Do not owe the rich man
nor offer anything to the poor.

❧❧❧

Don't try to go too high in life because the
farther up you are the harder you'll fall.

❧❧❧

Human beings are not made to understand life
but rather to live it.

❧❧❧

The secret of being miserable is having leisure
time to analyze if you are happy or not.

❧❧❧

A dream is a mysterious messenger
of the darkness.

क्षेक्षेक्षे

It's better to be in the cemetery
than to live in misery.

 क्षेक्षेक्षे

Only what's forgotten vanishes,
not what's dead.

 क्षेक्षेक्षे

Let money be your servant, not your master.

 क्षेक्षेक्षे

Don't try being who you are not,
instead try to be the best possible you.

 क्षेक्षेक्षे

Marriage is the university of patience.

 क्षेक्षेक्षे

He who buys what he cannot afford
will end up selling something treasured.

⚜⚜⚜

When a poor man marries a rich woman,
instead of being a husband he becomes
her servant.

⚜⚜⚜

The deceit of many will always weigh more
than the truth of one.

⚜⚜⚜

It is an impossible endeavor to try to go
against the Almighty.

⚜⚜⚜

Only what's fruitful is true.

⚜⚜⚜

I've been a fool
and my mistakes are innumerable.

⚜⚜⚜

He who wants everything will lose everything.

လၫလၫလၫ

If you take a wrong path
don't expect a great destiny.

လၫလၫလၫ

When an older person drinks wine,
he becomes child-like again.

လၫလၫလၫ

When something does not have a cure,
just face it with a stone-like expression.

လၫလၫလၫ

Rich men always have friends.

လၫလၫလၫ

Adam was fortunate since he did not have
a mother-in-law.

လၫလၫလၫ

If the love of a woman is a comedy,
then her marriage will be a drama.

ക്കൈക്കൈ

Patience is a talisman of life.

ക്കൈക്കൈ

Goodness is recognized when it's lost.

ക്കൈക്കൈ

The person who doesn't love you
will slander you while making fun of you.

ക്കൈക്കൈ

Grace is to know how to conceal
what can't be fixed.

ക്കൈക്കൈ

Whoever can't forget
will make his life miserable.

ക്കൈക്കൈ

Whoever speaks ill cannot hear at all.

ക്ക-ക്ക-ക്ക

*You'll marry once
and regret it a thousand times.*

ക്ക-ക്ക-ക്ക

Gratefulness is the heart's memory.

ക്ക-ക്ക-ക്ക

*Our journey through life will take us
to low dips.*

ക്ക-ക്ക-ക്ക

Humility is the thread that chains glory.

ക്ക-ക്ക-ക്ക

Better bread with love than chicken with pain.

ക്ക-ക്ക-ക്ക

A friend during times of need is a friend indeed.

ക്ക-ക്ക-ക്ക

There is no easy enemy,
but there are difficult friends.

⟡⟡⟡

Don't forget fortune changes
as the moon phases do.

⟡⟡⟡

Time heals all.

⟡⟡⟡

Jack of all trades,
master of none.

⟡⟡⟡

God: save me from my friends
as I'll save myself from my enemies.

⟡⟡⟡

Among musicians,
there's no charge for the serenade.

⟡⟡⟡

Politeness costs nothing and gains everything.

৵৵৵

*A smile is the shortest distance
between two people.*

৵৵৵

*Whoever dominates his anger,
dominates its worst enemy.*

৵৵৵

Suspicion invites betrayal.

৵৵৵

*Never say from the absent one
what you wouldn't say to his face.*

৵৵৵

*To reach the island of wisdom
we must go through an ocean of grief.*

৵৵৵

Charity is a virtue of the heart,
not of the hands.

ઓઝઓ

I hope that one day mankind will regain its
sense of justice and its spiritual values.

ઓઝઓ

The way you do the giving
is more important than what you give.

ઓઝઓ

Excess in nothing,
it is the most useful guideline in life.

※ ※ ※

The little that I know I owe it to my ignorance.

※ ※ ※

Nothing imposed by violence will last.

※ ※ ※

Even when anguish and pain wound our souls
Even when life unsettle us every step
Even when the fate of the world is so uncertain
Let's seek in the depths of the soul a glimmer of
hope, a corner filled with love.

※ ※ ※

A tear evaporates; a flower fades;
only prayer reaches God.

※ ※ ※

Enjoy the day, this is the day made by the Lord.
Rejoice and be glad in it.

తతత

Do not collapse accumulating yesterdays
and the dreaded tomorrows.

తతత

Every day brings a new life
for the judicious person.

తతత

When we accept the worst,
there's nothing else to fear.

తతత

A problem well stated
is a problem half solved.

తతత

Honesty gives birth to genius.

తతత

True peace of mind comes from accepting the worst.

∽∽∽

Beauty is the splendor of truth.

∽∽∽

Involve yourself in action if you do not want to wither in despair.

∽∽∽

Nature abhors emptiness. All emptiness is filled with love.

∽∽∽

To hope is to live.

∽∽∽

*Six honest servers taught me everything I know,
their names are: How, When, Where, What,
Who and Why.*

✎✎✎

Time is the eternal controller of all pains.

✎✎✎

*For all mankind, as well as for the individual,
occasionally life is hard to bear.*

✎✎✎

Death is the liberation of the soul.

✎✎✎

Life is too short to make it insignificant.

✎✎✎

*It is easier to teach ten what needs to be done
than to be one of the ten
who follow his own teachings.*

✎✎✎

Too often we stop our lives at the petty stuff.

❦❦❦

Who can free a person from his own regrets?

❦❦❦

*Love does not exist. What we have is a material
need to join another human being and the
reasonable need to have a companion for life.*

❦❦❦

Humility makes you closer to the Almighty.

❦❦❦

Jealousy is ignorance. Imitation is suicide.

❦❦❦

*When you are good to others
you are even better to yourself.*

❦❦❦

*Without faith, everything comes
crumbling down.*

৵৵৵

*Always take a negative
and make into a positive.*

৵৵৵

*Do every day a good deed that brings a smile
of joy to someone's face.*

৵৵৵

Our lives are built by our thoughts.

৵৵৵

An angry person is filled with poison.

৵৵৵

*Our weakness is not ignorance
but lack of action.*

৵৵৵

There are no tears where what is written
can be dissolved.

৵৵৵

Knowledge is not power until it's applied.

৵৵৵

Challenging things are the best.

৵৵৵

It does not matter what fate does to us,
but what we do with our fate.

৵৵৵

Of the races nothing is left but the tiredness.

৵৵৵

He who has nothing can't lose nothing.

৵৵৵

Two needles do not prick each other.

৵৵৵

Today is the disciple of yesterday
and the teacher of tomorrow.

෯෯෯

Well wedded is the woman who does not have
mother or sister-in-law.

෯෯෯

The person who loves you does not hurt you.

෯෯෯

The daughter-in-law sweeps to stop
the mother-in-law from barking.

෯෯෯

What comes easy,
easy will go.

෯෯෯

Courageous people suffer some,
cowards suffer even more.

෯෯෯

Many absences cause forgetfulness.

ক্ষ-ক্ষ-ক্ষ

*One often finds its destiny following the paths
we took to avoid it.*

ক্ষ-ক্ষ-ক্ষ

*Call on the Almighty and He will come to your
rescue. Do not worry for anything else. Close
your eyes, and while you sleep God will change
your fortune from bad to good.*

ক্ষ-ক্ষ-ক্ষ

*Only those who love without hope
know true love.*

ক্ষ-ক্ষ-ক্ষ

*Ignore the wickedness of the proud and
conceited; because the Father will show them
the way in due time.*

ক্ষ-ক্ষ-ক্ষ

Solve your problems one at a time.

ক৩ক৩ক৩

Love your enemies. He who loves those who love him has already received his reward.

ক৩ক৩ক৩

Being created by the Father represents His ultimate manifestation of love.

ক৩ক৩ক৩

My tears have been my bread day and night that I devoted to your welfare.

ক৩ক৩ক৩

Choose to sleep less and dream more.

ক৩ক৩ক৩

Don't say out loud everything you think, but rather think before you talk.

ক৩ক৩ক৩

I would water the roses with my tears to feel the pain of your thorns and be privileged with the scent of their petals.

ക്ക്ക

Seldom, money can help you delay death.

ക്ക്ക

Blessed are those who believe in their dreams.

ക്ക്ക

There are three things humans cannot do without: health, bread and hope.

ക്ക്ക

Perfection is the enemy of good.

ക്ക്ക

Even the most miserable life has its bright hours and its little flowers of happiness between the sand and the rocks.

ക്ക്ക

*The denial of the facts is the cowardly
resource of cynics.*

✧✧✧

*I do not live in my past or my future.
I only have my present, and this is the only
thing that interests me. If you can always stay
in the present, then you will be a happy and
satisfied person. Life will be a party because it
will always be the moment you are living.*

✧✧✧

*If you compare yourself with others you may
become vain and bitter, for there always will be
bigger and lesser persons than yourself.*

✧✧✧

Haste is the devil's work.

✧✧✧

*Keep peace in your soul in the noisy confusion
of life, even with all its sham, drudgery and
broken dreams, it is still a beautiful world.*

✧✧✧

Take kindly the counsel of the years,
gracefully surrendering the things of youth.

৯৯৯

Let's not cry for what we lost.
Let's give thanks to God that we had it.

৯৯৯

Let's learn to bend like a willow
and not resist like an oak.

৯৯৯

For the world's ills there may or may not be a
cure. If there is, go look for it.
If not, don't be a fool.

৯৯৯

When I cannot fix things, I'll let them get fixed
on their own.

৯৯৯

Order is the first law of heaven.

৯৯৯

The resignation of the poor is the guarantee of social balance.

∽∽∽

Ideas are fantasies that you can make a reality.

∽∽∽

*Dying is freeing oneself
from everyday pettiness.*

∽∽∽

*If you cry because the sun is gone,
your tears will not let you see the stars.*

∽∽∽

*Wherever your interest is,
so will be your energy.*

∽∽∽

*Carrying the burden of tomorrow today,
coupled with yesterday's, makes even the
strongest person hesitate.*

∽∽∽

When we have a disappointment in life,
we crave immediate calm.
We don't feel the pain but the deception; and it
does not hurt the wound, but the soul.
Only in the grave the heart can forget the blows
of bad luck, struggles and suffering in life.
Death is rest and oblivion.

❦❦❦

Do not let anyone handle you like clay
in his hands.

❦❦❦

When in doubt, keep quiet.

❦❦❦

The biggest measure of strength is shown
by overcoming resistance.

❦❦❦

Human beings are skillful
manipulators of truth.

❦❦❦

What is heavier than lead...?
A fool.

సౌసౌసౌ

Love is to acknowledge
that the Father is everything.
Love is the sail of a ship.
Love is to give from one look to the entire life.

సౌసౌసౌ

Never repeat what you've been told
and you'll never lose.

సౌసౌసౌ

Soft words do win friends
and multiply the affectionate responses.

సౌసౌసౌ

Do no evil, and evil will not fall onto you.

సౌసౌసౌ

Do not stay silent when your words are needed.

సౌసౌసౌ

*Do not keep your hand open to receive
and closed to give.*

৯৯৯

Hatred lights fights, love covers all sins.

৯৯৯

*He who despises his neighbor is a fool;
the wise man prefers to remain silent.*

৯৯৯

*A good name is better than having great riches,
being appreciated is worth
more than gold and silver.*

৯৯৯

*There are friends that will bring you misery,
and there are friends that are even better
than your own brother.*

৯৯৯

The Lord is kind to the humble.

৯৯৯

Don't be so sure about tomorrow;
you don't know where today will end.

৵৵৵

Appreciation is the reward of the wise.

৵৵৵

Do not get mad easily,
anger dwells in the heart of the foolish.

৵৵৵

It is not good to eat too much honey,
let alone seek excessive honors.

৵৵৵

If your enemy is hungry, feed him; if he is
thirsty, give him something to drink; that way,
he'll feel ashamed of his own behavior.

৵৵৵

Oil and perfume rejoice the heart, as the
sweetness of friendship comforts the soul.

৵৵৵

The Lord disciplines the one he loves, just as a father corrects all of his children.

❧❧❧

Never deny a favor to those who ask you, especially when it's in your hands to do so.

❧❧❧

Don't go looking for fights with those who do not hurt you. If someone has hurt you and needs you, put aside your pain and provide support.

❧❧❧

Ask and you shall receive.
Seek and you shall find.
Forgive and you will be forgiven.
Be meek and humble of heart.

❧❧❧

The same way that it is necessary to plant in order to harvest; it is necessary to give in order to receive. Remember that you get what you gave.

❧❧❧

Proclaim your uniqueness.
Use wisely your power to choose.
Do everything with love.
My daughter,
you are the world's greatest miracle!

❧❧❧

The day you do not laugh is a wasted day.

❧❧❧

Only when it's ripe, the fruit of fortune falls.

❧❧❧

Choose love instead of hate.
Choose laughter instead of mourning.
Choose to create instead of destroying.
Choose to persevere instead of quitting.
Choose to praise instead of criticizing.
Choose to heal instead of wounding.
Choose to live instead of dying.

∽∽∽

If you do not have inner freedom,
what other freedoms do you expect to have?

∽∽∽

When sadness is shared by two,
it is no longer sorrow, but becomes joy.

∽∽∽

Do not say everything you know, but always try
to understand what you're saying.

∽∽∽

Do not meddle where you're not invited.

∽∽∽

Do not fear!

Let's not fear. We are sailors in the sea of eternity, we are passengers of life; and we are well accompanied on this trip.
Let's sail with faith!

৵৵৵

Let's be realistic; let's ask for the impossible!

৵৵৵

If you don't fail every once in a while, it is because you are not even trying.

৵৵৵

You may take fantasy as a companion, but you must be guided by reason.

৵৵৵

No man is useless as long as he can count on himself.

৵৵৵

Whenever you are asked if you can do a job,
say yes! And immediately learn how.

ക&ക&

I carry you in my skin like a sweet perfume
infused in my soul.

ക&ക&

If living is only dreaming,
let's make dreamy good.

ക&ക&

Do not complicate your life with excessive
personal ambitions.

ക&ക&

If a thorn hurts me, I walk away from the thorn
but I don't hate the flower.

ക&ക&

True love is not known for what it demands
but rather for what it gives.

ക&ക&

I find myself alone when I'm looking for a hand and only find fists.

❧❧❧

Only the one who uses his brain can change his mind.

❧❧❧

Only what is gone is what belongs to us.

❧❧❧

If an idea does not sweeten and lighten life, life is useless and dangerous.

❧❧❧

If I help one person to have hope, I will not have lived in vain.

❧❧❧

If we don't collide against reason we will never get anywhere.

❧❧❧

If human beings have two eyes, two ears and only one tongue, it's because we must look and listen twice before talking.

ఆఆఆ

*If you cannot handle yourself,
how will you rule over others?*

ఆఆఆ

Patience has more power than force.

ఆఆఆ

*We should always keep our fears
but never expose them.*

ఆఆఆ

*It is hard to fall, but it's worst to not even
try to climb.*

ఆఆఆ

It's our own conscience that judges us.

ఆఆఆ

If those who speak evil of me knew exactly what I think of them, they'd talk worse.

৽৽৽

Justice is the bread of the people; they're always hungry for it.

৽৽৽

Prosperous events make friends; adverse, test them.

৽৽৽

It is necessary to give the lawyer all the facts as clear as possible; he'll make a mess of them on his own.

৽৽৽

Having too many friends is like not having any.

৽৽৽

To leave a footprint it does not matter its size but the sign that indicates that you were there.

৽৽৽

The greedy man does not behave wisely
until his final hour comes.

❧❧❧

Keep your positive attitude and you'll be able
to climb the most difficult mountains.

❧❧❧

Friendship is a soul that lives in two bodies,
a heart that lives in two souls.

❧❧❧

If you do not live as you think
you'll end up thinking as you live.

❧❧❧

In adversity comes out virtue.

❧❧❧

There is no nonsense that has not been
supported by at least one philosopher.

❧❧❧

If you take a gulp of the lie that flatters you,
you'll drink the bitter truth drip by drip.

৵৵৵

He who gives first gives twice.

৵৵৵

Just learn to share the love you feel,
do not give any space to hatred.

৵৵৵

If you have time to spend with someone;
do not stand there looking at the clock.

৵৵৵

If you want to know the value of your money,
try losing it by making loans.
Therefore, if someone asks you for a loan, and
if your budget allows it, make this a one-time
gift -- remember, do not repeat this transaction.

৵৵৵

*Patience is the fortress of the weak
and impatience is the weakness of the strong.*

༺༺༺

Have mercy if you want to be forgiven.

༺༺༺

*Having the knowledge and knowing how to
demonstrate its facts makes you twice as worth.*

༺༺༺

*Only a person with integrity
is able to confess sins and recognize mistakes.*

༺༺༺

The art of winning is learned in defeat.

༺༺༺

*Misses the point he who does not start to learn
because it seems too late.*

༺༺༺

If you do not decide which are your priorities
and how much time you'll devote to them,
someone else will decide for you.

છ૭છ૭છ૭

If you are too proud, you better get used to
being lonely, because the proud are left alone.

છ૭છ૭છ૭

Don't limit yourself to thinking
you're always right.

છ૭છ૭છ૭

We can learn from a wise man,
even when he is silent.

છ૭છ૭છ૭

While the optimistic person will always have a
project, the pessimistic will have
one thousand excuses.

છ૭છ૭છ૭

*Have patience with all things, but chiefly have
patience with yourself.*

๕๗๕๗๕๗

Knowing how to live without haste is a gift.

๕๗๕๗๕๗

*Knowing how to forget
is more a blessing than art.*

๕๗๕๗๕๗

Be a friend to yourself and others will also be.

๕๗๕๗๕๗

*Have the courage to be wrong, the humility to
accept it, and use your intelligence to improve.*

๕๗๕๗๕๗

*Keep your eyes wide open before marriage
and almost closed after the wedding.*

๕๗๕๗๕๗

Be still

*Be still and know that God will show you the
path to take, the road to choose.*

*When the dawn is dark and the day is gloomy,
God is with you, fear not!*

*Be still and know that God is always with you
to help you, here and anywhere you are.*

*God is with you night and day.
God is never farther away than a prayer.*

৯৶৯৶৯৶

Health Affirmations

Health Affirmations

I express the creativity and the life of God in every level of my being. I was created by God to be an expression of life and health. My healing is continuous and miraculous. I am renewed at all times. According to the divine plan, I was born to be healthy and perfect.

God heals me now and I accept my health with a grateful heart.

I say healing words to awaken my life cells and renew me.

God created me to live, and God's energy in me heals me right now!

My mind and my body work in harmony.

Dear God, since You are the Creator of Life, I beg you to renew my life.

Dear God, You are my Creator and the Protector of my life and of all life, please renew all my being by becoming conscious of your Holy Presence. God's healing power heals me now.

Dear God, Your Spirit radiates from me and life and energy are reborn in every cell of my being.

The healing power of God in me revitalizes me, I am a unique creation.

The presence of God in me strengthens me.

I fully enjoy health.

The healing life of God restores my peace of mind and the strength of my body.

Every time I breathe, the breath of God fills me with new life.

I open my heart to the love of God and I feel full of health and vitality.

When I rest in the serene presence of God, I feel healthy and renewed.

God continually keeps me healthy because I am his beloved creation.

I submerge myself into the healing love of God, which renews me in mind and body.

The transforming power of God creates new life, strength and energy in me.

The healing power of God flows through me and revitalizes me.

The healing presence of God is active in me. I have strength and energy.

The healing life of God renews and restores every cell of my body.

Our Good-Bye

My beloved daughter, follow this advice throughout your life:

Admit that we cannot control the pro-problem that overwhelms us and thanks to which our lives have become impossible at the moment.

Have the conviction and faith that there is a Power greater than ourselves, which will help us restore our lives: God.

Make a decision to turn our lives and desires to Our Lord at the same time we try to understand His messages.

Make a clean and correct inventory of ourselves.

Admit to God, to ourselves, and to other human beings surrounding us that to err is human.

Give permission to God to work on removing our mistakes.

Humbly ask God to help us to put aside our excuses and act better for ourselves and for those around us.

Make a list of people whom we have hurt, for one reason or another, and make peace while trying to improve our relationship.

Put into effect our new attitude to improve relationships damaged by our behavior and commit to such position provided we don't hurt anyone by doing so.

Continue regularly taking personal inventory and when you do something wrong, do not be afraid to say, I'm sorry, forgive me!

Through prayer and moderate meditation, ask God to help carry out our daily duties and strengthen our spiritual relationship with Him.

Having had a spiritual and moral rebirth into a new lifestyle; be of help to those who need us and commit ourselves to practice these steps with those around us, remembering that God is always unconditionally there for us.

Let's not forget that the past is faded, the future is uncertain and the only thing we have in our hands is the present. And that this is what keeps our heart beating. Let's live minute by minute, hour by hour, day by day.

Beloved Anita:

Your heart is strong. Put your hand on your chest and feel its rhythm pumping hour after hour, day and night, 36,000,000 beats a year; year after year, asleep or awake, pushing blood through 100,000 kilometers of veins and arteries that carry over 2,000,000 liters of blood a year.

Within your four liters of blood there are 22,000,000 blood cells; and within each cell, are millions of molecules; and within each molecule, one atom that oscillates more than ten million times per second. Every second, two million blood cells die and are replaced by two million more in a constant rebirth. Your beautiful heart is strong and healthy, my Beloved Anita!

Your brain is the most complex structure in the universe. There are thirteen billion nerve cells in its thousand grams. There are three times more cells in that space than people living in our planet.

To help you file every perception, every sound, every taste, every smell, every action you've taken since the day you were born, it has implanted in your cells over a thousand trillion protein molecules. All the events of your life are there, waiting to be remembered; and to help your brain in the government of your body, there are four million pain-sensitive structures, two hundred thousand temperature detectors, your ears have twenty four thousand filaments each that vibrate with the wind in a grove, with the tides crashing into the rocks, with the majesty of an opera, with the song of a robin, with children playing and the phrase, "I love you."

No other creature on this planet is endowed with the gift of speech. Your words can calm the angry, encourage the depressed, inspire the coward, cheer the sad, reward the courageous, boost the defeated, and teach the ignorant.

You can move; you're not a tree doomed to remain planted in a small plot of land. You can walk, run, dance and work, as inside your body there are five hundred muscles, two hundred bones, and seven thousand nerves that are synchronized to obey you.

Your skin is clean and is a wonderful creation; you only need to take care of it. An armor rusts eventually, not your skin. Your skin is constantly renewing itself; the old cells are replaced by new ones.

Your lungs are the doors of life that hold you up in the harshest of environments. They are always working to filter life-giving oxygen through six hundred million alveoli in charge of ridding your body of gaseous waste.

Within your beautiful body there is enough atomic energy to keep you going until your appointed time is up.

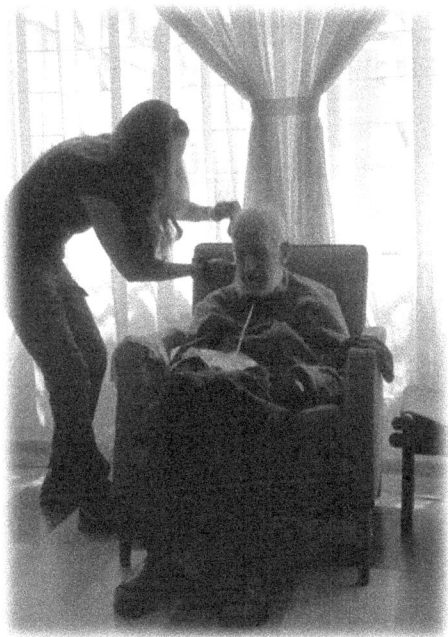